AF463254

CONSEIL D'ÉTAT.

Épreuve.

DISCUSSION
DU PROJET
DE CODE CIVIL.

N.° 27.

SÉANCE du 27 Ventôse, an 11 de la République.

LE C. BIGOT-PRÉAMENEU présente la section II du chapitre IV du titre *des Donations entre-vifs et des Testamens.*

Elle est ainsi conçue :

SECTION II.

De l'Exécution des Testamens et des Exécuteurs testamentaires.

Art. LXXXV. « Tout legs pur et simple, fait soit à titre » universel, soit à titre particulier, donnera au légataire, du » jour du décès du testateur, un droit à la chose léguée, » droit transmissible à ses héritiers ou ayant-cause.

» Néanmoins le légataire ne pourra se mettre en possession » de la chose léguée, ni en prétendre les fruits ou intérêts, » qu'à compter du jour de sa demande en délivrance for- » mée en justice contre l'héritier, ou du jour auquel l'héritier » en aurait consenti volontairement la délivrance.

Art. LXXXVI. » Les intérêts ou fruits de la chose léguée » courront au profit du légataire dès le jour du décès, et sans » qu'il ait formé sa demande en justice,

» 1.° Lorsque le testateur aura expressément déclaré sa » volonté à cet égard dans le testament;

» 2.° Losqu'une rente viagère ou une pension aura été » léguée à titre d'alimens.

Art. LXXXVII. » Les frais de la demande en délivrance » seront à la charge de l'héritier ;

» Les droits d'enregistrement seront dus par le légataire :

» Le tout s'il n'en a été autrement ordonné par le testament.

» Chaque legs pourra être enregistré séparément, sans que » cet enregistrement puisse profiter à aucun autre qu'au léga- » taire ou à ses ayant-cause.

Art. LXXXVIII. » Les héritiers ou débiteurs d'un legs » seront personnellement tenus de l'acquitter, chacun au » prorata de la part et portion dont ils profiteront dans la » succession.

» Ils en seront tenus hypothécairement pour le tout, » jusqu'à concurrence de la valeur des immeubles de la » succession dont ils seront détenteurs.

Art. LXXXIX. » La chose léguée sera délivrée avec les » accessoires nécessaires, et dans l'état où elle se trouvera » au jour du décès du donateur.

Art. XC. » Lorsque celui qui a légué la propriété d'un » immeuble, l'a ensuite augmenté par des acquisitions, ces » acquisitions, fussent-elles contiguës, ne seront pas censées, » sans une nouvelle disposition, faire partie du legs.

» Il en sera autrement des embellissemens ou des cons- » tructions nouvelles faites sur le fonds légué, ou d'un enclos » dont le testateur aurait augmenté l'enceinte.

Art. XCI. » Si la chose léguée se trouve antérieurement » engagée par hypothèque pour une dette de la succession » ou même pour la dette d'un tiers, ou si elle est grevée » d'un usufruit, l'héritier n'est point tenu de la dégager, à » moins qu'il n'ait été chargé de le faire par une disposition » expresse du testateur.

Art. XCII. » Lorsque le testateur aura légué la chose » d'autrui, le legs sera nul, soit que le testateur ait connu » ou non qu'elle ne lui appartenait pas.

Art. XCIII. » Lorsque le legs sera d'une chose indéter- » minée, comme d'un cheval, d'une pièce de vin, l'héritier » ne sera pas obligé de donner le meilleur, et il ne pourra » pas offrir le plus mauvais.

Art. XCIV. » Le legs fait au créancier ne sera pas censé » en compensation de sa créance, ni le legs fait au domes- » tique en compensation de ses gages.

Art. XCV. » Le legs à titre universel est celui par lequel » le testateur lègue toute la portion de ses biens dont la loi » lui permet de disposer, ou une quotité fixe de cette » portion, ou tous ses immeubles, ou tout son mobilier,

» ou une quotité fixe de tous ses immeubles ou de tout son » mobilier.

» Tout autre legs ne forme qu'une disposition à titre » particulier.

Art. XCVI. » Le légataire à titre universel sera tenu, » comme l'héritier, personnellement pour sa part et portion, » et hypothécairement pour le tout, des dettes et charges de » la succession du testateur.

Art. XCVII. » Le légataire à titre particulier ne sera » point tenu des dettes de la succession ; sauf la réduction du » legs, ainsi qu'il est dit ci-dessus, et sauf l'action hypothé- » caire des créanciers.

Art. XCVIII. » Lorsqu'il y a un légataire universel de » la totalité de la portion disponible, c'est à lui seul à payer » tous les legs à titre particulier, jusqu'à concurrence seule- » ment des trois quarts de la valeur de cette portion, sauf » l'exception portée en l'article XXXI.

Art. XCIX. » Si le legs à titre universel ne comprend » qu'une quotité de la portion disponible, les legs particu- » liers sont acquittés d'abord par les héritiers sur ce qui » reste de la portion disponible, et subsidiairement par le » légataire à titre universel, ainsi qu'il est dit en l'article » précédent.

Art. C. » Le testateur pourra, pour assurer l'exécution » de ses dispositions, nommer un ou plusieurs exécuteurs » testamentaires.

Art. CI. » Il pourra leur donner la saisine, pendant l'an » et jour à compter de son décès, du tout ou seulement » d'une partie de son mobilier.

» S'il ne la leur a pas donnée, ils ne pourront l'exiger.

Art. CII. » L'héritier pourra faire cesser la saisine, » en offrant de remettre aux exécuteurs testamentaires » somme suffisante pour le paiement des legs mobiliers.

Art. CIII. » Celui qui ne peut s'obliger, ne peut pas » être exécuteur testamentaire.

Art. CIV. » La femme mariée ne pourra accepter l'exé- » cution testamentaire qu'avec le consentement de son mari.

» Si elle est séparée de biens, soit par contrat de ma- » riage, soit en justice, elle le pourra avec le consentement » de son mari, ou, à son refus, autorisée par le juge.

Art. CV. » Le mineur ne pourra être exécuteur testa- » mentaire, même avec l'autorisation de son tuteur.

Art. CVI. » Les exécuteurs testamentaires feront apposer » les scellés, s'il y a des héritiers mineurs, interdits ou absens.

» Ils feront faire, en présence de l'héritier présomptif, ou » lui dûment appelé, l'inventaire des biens de la succession.

» Ils provoqueront la vente du mobilier à défaut de deniers » suffisans pour acquitter les legs.

» Ils veilleront à ce que le testament soit exécuté, et ils » pourront, en cas de contestation sur son exécution, in- » tervenir pour en soutenir la validité.

» Ils devront, à l'expiration de l'année du décès du tes- » tateur, rendre compte de leur gestion.

Art. CVII. » Les pouvoirs de l'exécuteur testamentaire » prendront fin par sa mort, et ne passeront point à ses héri- » tiers.

Art. CVIII. » S'il y a plusieurs exécuteurs testamentaires » qui aient accepté, un seul pourra agir au défaut des autres; » et ils seront solidairement responsables du compte du mo- » bilier qui leur a été confié, à moins que le testateur n'ait » divisé leurs fonctions, et que chacun d'eux ne se soit ren- » fermé dans celle qui lui était attribuée.

Art. CIX. » Les frais faits par l'exécuteur testamentaire » pour l'apposition des scellés, l'inventaire, le compte et les » autres frais relatifs à ses fonctions, seront à la charge de » la succession. »

L'article LXXXV est discuté.

Le C. Bigot-Préameneu dit que cet article fait naître la question de savoir si l'héritier institué sera saisi de la succession de plein droit et en vertu de son titre, ou s'il sera obligé de demander la saisine à l'héritier *ab intestat*.

Le C. Maleville pense que le légataire particulier doit seul être assujetti à remplir cette formalité ; mais que, conformément aux principes du droit romain, l'héritier testamentaire n'a besoin que de son titre pour se mettre en possession. Ce système, qui évite les circuits et les dépenses inutiles, est d'ailleurs sans inconvénient, tandis que, dans le système opposé, l'héritier institué est exposé aux difficultés que peut lui faire l'héritier légal, s'il est de mauvaise foi; et ce dernier lui-même n'est appelé sous le titre d'héritier, que pour éprouver le désagrément d'en être dépouillé aussitôt. Cependant, dans l'intervalle, la succession peut être dilapidée par l'héritier *ab intestat.* Toujours y aura-t-il, par rapport à l'administration des biens, une stagnation dangereuse, sur-tout quand l'hérédité consiste dans un fonds de commerce.

On objecte que c'est la loi qui fait les héritiers *ab intestat.* Elle fait également les héritiers institués, quoique d'une manière plus indirecte.

On objecte encore que le testament pouvant être nul, il est juste de ne lui donner d'effet qu'après que sa validité aura été reconnue ou jugée.

Mais d'abord, il y aura peu de testamens nuls : or, ce ne sont pas les cas rares que le législateur doit prendre pour bases de ses lois. Ensuite la provision est due au titre.

Le système des pays coutumiers avait pour principe la distinction des biens en propres et en acquêts. Or, cette distinction n'existant plus, il paraît juste de décider que l'héritier testamentaire sera saisi de plein droit comme l'héritier *ab intestat.*

Le C. Bigot-Préameneu dit que, forcée de donner un effet provisoire à l'un des deux titres, la section a cru devoir préférer celui de l'héritier *ab intestat*, parce qu'il est incontestable. Il n'est pas douteux que le défunt a pu déroger à l'ordre commun des successions et se créer un héritier de son choix ; mais on n'est certain qu'il a usé de cette faculté, que lorsque le testament est reconnu.

Dans le système du droit romain, où le père de famille était législateur, la loi, pour être conséquente, devait admettre d'abord l'héritier institué ; mais il n'en peut être de même dans le système de notre législation, où l'institution d'héritier est une dérogation au droit commun sur les successions.

Au surplus, c'est s'abandonner à de vaines alarmes, que de craindre, de la part de l'héritier *ab intestat*, des difficultés déraisonnables. Cet héritier ne s'exposera pas à la condamnation en dommages et intérêts, qui serait la suite indubitable d'une contestation mal fondée.

Le C. Tronchet dit que l'ordonnance de 1735 n'étant pas destinée à introduire un droit nouveau, mais à régulariser les usages qu'elle trouvait établis, a dû se modifier suivant la diversité des deux systèmes du pays de droit écrit et du pays coutumier. Maintenant, au contraire, qu'il s'agit de tout réduire à une loi unique et générale, on est forcé de choisir entre les deux systèmes. Il convient donc de les juger chacun en soi, et de les rapprocher ensuite pour examiner s'il est impossible de les concilier.

Dans le droit coutumier, la loi seule et le sang faisaient l'héritier; la faculté de disposer n'était qu'une exception au droit commun sur la transmission des biens par décès. Mais puisque la faculté de disposer existe par l'autorité de la loi, la loi peut lui donner plus ou moins d'étendue et convertir l'exception en règle. Déjà même, dans les pays coutumiers, l'institution d'héritier était reçue dans les contrats de mariage.

Cependant, en permettant à l'homme de se donner un héritier, la loi subordonne cette faculté à deux conditions : la première est d'exprimer sa volonté dans les formes légales; la seconde, de ne pas entamer les réserves. Or, puisque l'héritier légal ne peut être dépouillé que sous ces conditions, il est raisonnable et bienséant de lui montrer le titre qui anéantit ses droits, afin qu'il soit en état de le critiquer.

Cette précaution était sur-tout nécessaire là où avec un testament olographe, c'est-à-dire, obscur et clandestin, on pouvait s'emparer d'une succession.

Cet inconvénient existe aujourd'hui par-tout, puisque par-tout le testament olographe peut être employé, et que les réserves sont néanmoins plus considérables qu'autrefois,

L'héritier institué ne doit donc pas avoir la même saisine que celle qui appartenait à l'héritier légal en pays coutumier.

On doit distinguer deux effets dans la saisine : la possession, et la jouissance.

Rien ne s'oppose à ce que l'héritier testamentaire obtienne les fruits à compter du jour où la succession s'est ouverte; mais il y a de grandes difficultés à faire commencer sa possession à la même époque.

Il est vrai que, dans les pays de droit écrit, on admettait un autre principe; mais cette jurisprudence était d'autant plus étonnante, qu'elle blessait la loi 3, ...

Adrien, en établissant un droit de vingtième sur les successions testamentaires, avait, pour assurer la perception du droit, obligé l'héritier institué à ne se mettre en possession qu'avec l'autorisation du préteur; et les réclamations d'un contradicteur ne suspendaient pas la mise en possession.

Justinien, en réformant cette législation, voulut, 1.° que quand le testament serait régulier dans la forme, le juge mît l'héritier en possession : cette disposition exclut évidemment la saisine de plein droit, et suppose un examen préalable ; 2.° que quand il se présenterait un contradicteur, la possession fût adjugée au titre le plus apparent.

Il semble donc qu'en admettant les institutions testamentaires, en leur donnant l'effet d'attribuer les fruits à l'institué à compter de l'ouverture de la succession, pourvu qu'il les réclame dans un court délai, on doit cependant l'obliger à présenter son titre au juge et à le faire reconnaître. La publication ordonnée par *Justinien* devient inutile ; elle est suppléée par l'enregistrement : mais le juge doit avoir le droit de différer la saisine, si le testament lui paraît irrégulier dans la forme.

Le C. PORTALIS dit qu'il y a ici deux considérations : l'une de droit, et qui dépend des principes de la matière ; l'autre de fait, et qui dépend des résultats.

On a dit qu'en principe l'héritier *ab intestat* seul est certain : or, dans le concours de deux titres, le plus évident doit être préféré.

On a donc raisonné comme s'il existait simultanément deux titres.

C'est une erreur. Lorsqu'il existe un héritier testamentaire, il n'y a plus d'héritier légal ; car la loi n'attache pas moins d'effet à la disposition que fait l'homme en vertu de l'autorisation qu'elle lui donne, qu'à la disposition qu'elle fait elle-même directement : ainsi, l'héritier testamentaire est héritier légal, comme l'héritier *ab intestat*.

On objecte que le testament duquel il tient sa qualité peut être attaqué.

Si l'on suspendait l'effet des actes qui peuvent être attaqués, il faudrait donc suspendre l'exécution non-seulement des testamens, mais encore des ventes, des donations, de presque toutes les transactions civiles. Mais voici les principes par lesquels on doit se déterminer :

1.° La présomption est toujours qu'un acte est valable ; elle ne cesse que lorsque l'acte est annullé.

2.° Cette présomption le rend exécutoire.

Pourquoi, demande-t-on, ne pas appeler l'héritier *ab intestat !*

C'est parce que, dans les choses où l'homme dispose en

vertu du pouvoir que lui en donne la loi, sa volonté doit être exécutée plus scrupuleusement que la disposition de la loi elle-même : *Tutiùs contrahitur cum homine, quàm cum lege.* La maxime, *le mort saisit le vif*, reçoit ici son application. Peu importe que la saisine tombe sur l'héritier testamentaire ou sur l'héritier *ab intestat.* Cette maxime est fondée sur ce qu'il ne peut y avoir aucun intervalle entre le défunt et son héritier; la possession du premier continue immédiatement dans la personne du second.

Dans le droit romain, il n'y avait aucune différence entre l'héritier testamentaire et l'héritier *ab intestat :* elle n'existait que dans le droit coutumier.

Et qu'on ne dise pas que le droit des Romains sur cette matière leur est particulier, parce que chez eux le testament avait le caractère de loi. Par-tout le testament a ce caractère ; car par-tout les actes autorisés sont exécutés comme des lois. Chez les Romains, le père était maître absolu dans sa famille, mais non sous le rapport de son testament; car la puissance paternelle était plus ancienne que la faculté de tester. Le testateur était si peu absolu, qu'il était obligé de faire son testament dans l'assemblée du peuple, qui imprimait à cet acte sa force d'exécution. La forme de tester n'a été simplifiée que lorsqu'on est arrivé aux vrais principes de la propriété.

On craint l'abus qu'on pourrait faire des testamens olographes, s'ils suffisent pour donner la saisine à l'héritier testamentaire. Cependant on est convenu, dans une autre occasion, que la forme des testamens olographes est la plus sûre et la plus respectable.

Au surplus, la législation la plus dangereuse serait celle qui mettrait le titre à la discrétion de la personne dont il blesse les intérêts. L'héritier *ab intestat* est dans cette position ; et si cet héritier est absent, s'il est majeur, que de longueurs, que d'embarras !

D'ailleurs, puisqu'on consent à laisser les fruits à l'héritier testamentaire, il n'y a pas d'intérêt à donner, de préférence, la saisine à l'héritier *ab intestat :* le seul résultat de cette préférence serait de faire naître un procès inutile. Mais ce qui doit décider sur ce point, c'est que l'exécution provisoire est due à tout titre en bonne forme. Il n'y a pas de motifs pour ne pas soumettre à ce principe les testamens comme les autres actes.

On

On craint que l'héritier testamentaire ne dissipe la succession, et que si ensuite le testament est annullé, l'héritier *ab intestat* ne retrouve plus les choses dans leur premier état. Mais l'inconvénient ne serait-il pas le même, si l'héritier *ab intestat,* saisi d'abord de l'hérédité, la dilapide, et qu'ensuite le testament soit confirmé !

Le C. Treilhard dit que puisqu'on n'est pas obligé de choisir entre l'usage des pays coutumiers et l'usage des pays de droit écrit, on doit ne consulter que la raison.

De quoi s'agit-il !

De la transmission de l'hérédité.

Il est impossible qu'elle ait lieu tout-à-la-fois au profit des deux espèces d'héritiers. Or, quel est le premier en ordre ! C'est incontestablement celui que crée la loi.

L'héritier que crée la volonté de l'homme, ne le devient que par dérogation au droit commun. L'héritier *ab intestat* doit donc être appelé, avant tout, à examiner et à critiquer le titre qui le dépouille : il doit l'examiner pour vérifier s'il est régulier dans la forme ; si au fond le testateur n'a pas excédé la portion disponible. Cet examen préalable est d'autant plus nécessaire, que l'héritier *ab intestat* n'a pas été partie dans l'acte, et qu'il y aurait de l'inconvénient à laisser l'héritier testamentaire s'emparer même de la portion que la loi réserve aux héritiers du sang. Elle peut, en certains cas, se composer des trois quarts de l'hérédité.

On veut prévenir un procès entre ces deux sortes d'héritiers. Mais il est inévitable, même dans le système proposé, si l'héritier *ab intestat* veut le faire naître ; car en refusant à l'héritier institué les titres et la mise en possession, il l'obligerait à recourir aux tribunaux.

L'opinant appuie l'amendement proposé par le C. *Tronchet.*

Le C. Muraire est au contraire dans l'opinion que la saisine doit appartenir à l'héritier testamentaire.

Il est certain que la maxime, *le mort saisit le vif,* était reçue dans les pays de droit écrit, comme dans les pays coutumiers : la saisine s'opérait de plein droit dans la personne de l'héritier institué.

Pourquoi lui serait-elle refusée, puisqu'il réunit tout ce qui avait décidé à l'accorder à l'héritier *ab intestat !* Il a pour lui, comme ce dernier, la volonté de la loi : mais il a un avantage de plus ; c'est la priorité d'affection dans les sentimens du testateur. L'héritier *ab intestat* n'a lui-même de droits que par la volonté du défunt qui s'est abstenu de tester.

L'erreur vient de ce qu'on suppose un concours entre ces deux sortes d'héritiers. Cependant il n'y a pas de concours ; car si la loi institue l'héritier du sang quand il n'y a pas de testament, elle institue de préférence l'héritier testamentaire. Il n'existe donc point de concours ; il n'existe pas de premier héritier saisi de droit, de la main duquel l'héritier institué doive nécessairement prendre les biens. Les deux sortes d'héritiers ont les mêmes droits au moment où la succession s'ouvre.

D'ailleurs, dans le système contraire, la succession la plus claire se trouve d'abord et nécessairement embarrassée par un procès. Il faut s'attendre, si l'héritier *ab intestat* est d'abord saisi, qu'il emploiera les chicanes et les moyens dilatoires pour écarter par des dégoûts l'héritier institué et percevoir les fruits. Le même héritier *ab intestat* ne viendra pas disputer la succession à l'institué, si ce dernier est d'abord saisi.

Enfin on a raisonné pour soutenir l'opinion opposée, dans la supposition que la présomption était contre le testament : on doit présumer au contraire que le testament est valable, tant que la nullité n'en a pas été prononcée.

Le C. Jollivet se borne à deux observations.

D'abord, dit-il, il est indispensable de constater le montant de l'hérédité, afin d'établir les réserves. Cependant, si l'héritier institué était d'abord saisi, il lui serait possible d'obscurcir l'état des choses et de rendre illusoires les dispositions de la loi relatives aux réserves.

Ensuite les testamens olographes sont rédigés par le testateur seul. Il devient donc possible de les supposer : or, dans les grandes villes, les faussaires sont assez audacieux pour user de cette facilité, afin de spolier la succession au moyen de la saisine que leur donnerait leur faux titre.

Le Consul Cambacérès dit qu'il ne se dissimule pas la force de l'objection prise des dispositions relatives aux réserves ; mais elle n'a d'importance que dans le cas où il existe un héritier qui a droit à une légitime. Dans le cas contraire, elle s'évanouit. Il est un degré de parenté dans lequel le testateur peut disposer de la totalité de sa fortune : la loi qui lui donne cette faculté, veut certainement aussi que ses droits passent immédiatement, et par le seul effet de sa volonté, à l'héritier qu'il institue. Comment pourrait-on soumettre le testament à un héritier que la loi n'appelle qu'à défaut de testament ?

On dit : Mais le testament peut être nul; et cependant l'individu saisi en vertu de ce faux titre, s'il est saisi, dilapidera la succession.

On peut tourner cette objection contre l'héritier du sang.

Mais ce qui doit décider, c'est que le faux est une exception à l'ordre commun des choses. Le faux dans un testament serait un délit que l'on poursuivra comme tout autre crime, et le juge prononcera, suivant les circonstances, sur l'exécution provisoire du titre attaqué.

Le Consul propose d'adopter la distinction dont il a parlé, entre le cas où il y a des réserves, et celui où il n'en existe pas.

Il conclut, au surplus, à ce que, dans cette dernière hypothèse, on prenne quelques précautions; que, par exemple, les héritiers du sang soient appelés à la reconnaissance et à l'ouverture du testament.

Le C. Tronchet dit que son opinion rentre dans celle du Consul.

Il est certain que, quand il existe des réserves, le montant de la succession doit être constaté.

Au surplus, ce qu'on a dit pour prouver qu'il ne peut y avoir de concours entre les deux ordres d'héritiers, n'est pas applicable à ce cas; car il existe tout-à-la-fois un héritier institué et un héritier légal des réserves.

Mais que doit statuer la loi pour le cas où il n'y a pas de réserves ?

Elle doit obliger indistinctement tout héritier testamentaire à s'adresser au juge pour obtenir la saisine : car les héritiers peuvent être inconnus ou absens; ils peuvent avoir droit à des réserves. Le juge, suivant les circonstances, ordonnera l'apposition des scellés, appellera les héritiers, en donnant la possession provisoire à l'institué, ou lui accordera la saisine.

Le Consul Cambacérès dit que quelquefois les précautions peuvent être sans objet; telle serait, par exemple, l'espèce où le testateur aurait déclaré que ses héritiers n'ayant pas droit aux réserves, il veut que celui qu'il a institué soit saisi pour exécuter à l'instant diverses conditions que le testament lui impose.

Il serait au moins inutile d'envoyer dans ce cas l'héritier institué prendre la saisine de la main du juge. Au surplus, c'est par les principes adoptés sur la disponibilité, qu'il convient de se décider. On s'est borné à accorder une légitime aux enfans, aux ascendans, et, par innovation, aux collatéraux du premier degré : hors ce cas, chacun a la disposition définie de ses biens, et il n'y a plus de prohibition. On a donc voulu que son testament eût tout son effet, et que son héritier institué, qui se trouve dans la position la plus favorable quand il n'y a pas d'héritier ayant droit à des réserves, ne pût être inquiété par les subtilités de la chicane.

Les propositions faites par le Consul *Cambacérès* sont adoptées.

Le C. TRONCHET dit que la décision du Conseil conduit à examiner quelques questions.

Dans les pays de droit écrit, on ne reconnaissait qu'un seul héritier, et quelquefois chaque héritier n'était institué que pour partie. Alors on était embarrassé de savoir lequel devait être regardé comme l'héritier à titre universel. De là naissaient une foule de questions : elles ne se représenteront pas lorsqu'il y aura un héritier de réserve; mais on sera forcé de les décider, lorsqu'il y aura plusieurs héritiers institués chacun pour quotité des biens.

Le C. *Tronchet* demande le renvoi de ces observations à la section.

Le CONSUL CAMBACÉRÈS dit que, dans le droit romain, le testament était nul lorsqu'il ne contenait point d'institution d'héritier, et que par cette raison l'héritier institué pour une quotité seulement était réputé institué pour le tout; que, dans notre droit, ce principe n'est point admis; qu'ainsi la personne qui ne recueillera qu'une partie des biens, quelque nom que le testateur lui donne, ne sera cependant qu'un légataire; qu'au surplus, il est utile de prévenir la difficulté par la rédaction.

Cette proposition est adoptée.

L'article LXXXVI est adopté.

L'article LXXXVII est adopté avec l'amendement que la

dernière disposition sera réduite au cas où il y aura des demandes en délivrance de legs particuliers.

Le C. REGNAUD (de Saint-Jean-d'Angely) dit que le notaire doit avoir la faculté de délivrer séparément l'extrait du testament à chaque légataire.

Le CONSEIL décide que l'article est rédigé dans ce sens.

Les articles LXXXVIII et LXXXIX sont adoptés.

L'article XC est discuté.

Le C. TRONCHET dit que *Dumoulin* regarde l'intention d'opérer une incorporation et une union à la chose léguée, comme une preuve que le testateur a eu la volonté d'augmenter le legs. Tel serait, par exemple, le cas où il aurait réuni deux domaines pour n'en former qu'un seul. Mais il est, en outre, une incorporation matérielle de fait, comme lorsque le testateur établit une communication entre deux maisons contiguës. Au surplus, le C. *Tronchet* préfère l'opinion de la section à celle de *Dumoulin*, attendu qu'il ne faut s'arrêter qu'à la volonté très-assurée du testateur, et qu'il lui a été facile de s'expliquer.

L'article est adopté.

L'article XCI est adopté.

L'article XCII est discuté.

Le C. MALEVILLE observe que cet article introduit une innovation au droit reçu.

Le C. BIGOT-PRÉAMENEU répond que si le testateur a donné sciemment la chose d'autrui, il n'y a point de doute sur sa volonté ; mais que s'il l'a donnée croyant qu'elle lui appartenait, il n'est pas certain qu'il eût fait cette disposition s'il eût été mieux informé.

Le C. TRONCHET dit que, dans le premier cas même, la volonté du testateur n'est pas assez certaine, pour qu'on puisse agir comme si elle était bien connue. Il lui était facile en effet de s'expliquer.

Le C. TREILHARD dit qu'il faut une règle pour mettre fin aux subtilités, et que la meilleure est celle qui exige que le testateur s'explique clairement.

L'article est adopté.

Les articles XCIII, XCIV, XCV, XCVI, XCVII et XCVIII sont adoptés.

L'article XCIX est adopté, avec l'amendement que la contribution sera supportée également par l'héritier et par le légataire universel.

Les articles C, CI, CII, CIII, CIV, CV, CVI, CVII, CVIII et CIX sont adoptés.

Le C. Bigot-Préameneu présente la section III.

Elle est ainsi conçue :

Section III.

De la Révocation des Testamens, et de leur Caducité.

Art. CX. « Les testamens ne pourront être révoqués en » tout ou en partie que par une déclaration du changement » de volonté dans l'une des formes requises pour les testa- » mens.

Art. CXI. » Les testamens postérieurs qui ne révoqueront » pas d'une manière expresse les précédens, n'annulleront » dans ceux-ci que celles des dispositions y contenues qui » se trouveront incompatibles avec les nouvelles, ou qui » seront contraires.

Art. CXII. » La révocation faite dans un testament pos- » térieur aura tout son effet, quoique ce nouvel acte reste » sans exécution par l'incapacité du légataire ou par son » refus de recueillir.

Art. CXIII. » La donation ou la vente que fera le testa- » teur de tout ou de partie de la chose léguée, emportera la » révocation du legs pour tout ce qui a été vendu ou donné, » encore que la vente ou la donation postérieure soit nulle » et que l'objet soit rentré dans la main du testateur.

Art. CXIV. » Si l'objet légué a été postérieurement » hypothéqué, le légataire ne peut le réclamer que sous la » charge de l'hypothèque, à moins que le testateur n'ait » imposé à ses héritiers l'obligation d'affranchir ledit objet.

Art. CXV. » Tout legs sera caduc, si le légataire ne » survit pas au testateur.

Art. CXVI. » Tout legs fait sous une condition dépen- » dante d'un événement incertain, et tel que, dans l'inten- » tion du testateur, le legs ne doive avoir lieu qu'autant que

» l'événement arrivera ou n'arrivera pas, sera caduc, si le » légataire décède avant l'accomplissement de la condition.

Art. CXVII. » La condition qui, dans l'intention du » testateur, ne fait que suspendre le paiement du legs, » n'empêchera pas le légataire d'avoir sur l'objet légué un » droit acquis et transmissible à ses héritiers.

Art. CXVIII. » Le legs sera caduc, si la chose léguée a » totalement péri pendant la vie du testateur.

» Il en sera de même si elle a péri depuis sa mort sans le » fait et la faute de l'héritier, quoique celui-ci ait été mis en » retard de la délivrer, lorsqu'elle eût également dû périr » entre les mains du légataire.

Art. CXIX » Le legs sera caduc, lorsque le légataire le » répudiera ou se trouvera incapable de le recueillir.

Art. CXX. » Il y aura lieu à accroissement au profit des » légataires, dans le cas où le legs sera fait à plusieurs *conjoin-* » *tement.*

» Le legs sera réputé fait *conjointement,* lorsqu'il le sera par » une seule et même disposition, et que le testateur n'aura pas » assigné la part de chacun des colégataires dans la chose » léguée.

Art. CXXI. » Il sera encore réputé fait *conjointement*, » quand une chose qui n'est pas susceptible d'être divisée » sans détérioration aura été donnée par le même acte à plu- » sieurs personnes, même séparément.

Art. CXXII. » Les mêmes causes qui, suivant les arti- » cles LV et LVI du présent titre, autoriseront la demande en » révocation de la donation entre-vifs, autoriseront l'héritier » à faire déclarer le légataire déchu du legs, ou à demander » la restitution de la chose léguée, si la délivrance en a été » faite.

Art. CXXIII. » Si la demande est fondée sur le fait que » le légataire était auteur ou complice de la mort du testa- » teur, l'héritier doit la former dans l'année, à compter du » jour du décès du testateur, si la condamnation du légataire » est antérieure, et à compter du jour de la condamnation » si elle est postérieure au décès.

» Si elle est fondée sur une injure grave faite à la mé- » moire du testateur, elle doit être intentée dans l'année, à » compter du jour du délit.

Art. CXXIV. » Un Français qui se trouvera en pays » étranger, pourra faire, au profit de Français ou d'étrangers,

» ses dispositions testamentaires par acte sous signature pri-» vée, ainsi qu'il est prescrit en l'article LXXXIII ci-dessus, » ou par acte public et authentique, avec les formes usitées » dans le lieu où il est passé.

Art. CXXV. » Ces testamens ne pourront être exécutés » sur les biens situés en France, qu'après y avoir été enre-» gistrés au bureau du domicile du testateur, s'il en a con-» servé un, sinon au bureau de son dernier domicile connu » en France; et dans le cas où le testament contiendrait des » dispositions d'immeubles qui y seraient situés, il devra » être en outre enregistré au bureau de la situation de ces » immeubles, sans qu'il puisse être exigé un double droit. »

L'article CX est discuté.

Le C. TRONCHET dit qu'il doit suffire d'une déclaration devant notaire.

Le C. TREILHARD dit que l'article n'exige pas même tant de solennité, puisqu'il permet de consigner la révocation dans un testament olographe.

Le CONSUL CAMBACÉRÈS dit qu'il importe cependant de prévenir la supposition des actes de révocation.

L'article est adopté avec l'amendement du C. *Tronchet.*

Les art. CXI et CXII sont adoptés.

L'art. CXIII est discuté.

Le C. MALEVILLE demande si le légataire pourra exercer la faculté de rachat que le testateur se serait réservée dans la vente de la chose léguée.

Le C. BIGOT-PRÉAMENEU répond qu'il faut, dans ce cas, décider contre le légataire, parce que le testateur a eu clairement l'intention d'anéantir le legs en retirant de la masse de ses biens la chose qu'il avait léguée.

Le C. PORTALIS dit qu'en effet il y a un changement de volonté évident.

L'article est adopté sauf rédaction.

Le CONSEIL adopte en principe que l'échange de la chose léguée annulle le legs.

L'art. CXIV est discuté.

Le C. REGNAUD (de Saint-Jean-d'Angely) demande que

que cet article soit refondu avec l'art. XCI, en ajoutant à ce dernier le mot *postérieurement.*

Cette proposition est adoptée.

Les art. CXV, CXVI, CXVII, CXVIII, CXIX, CXX, CXXI et CXXII sont adoptés.

L'art. CXXIII est discuté.

Le C. TREILHARD dit qu'il serait contre l'ordre de laisser un assassin jouir des dépouilles de sa victime, par cela seul qu'il n'aurait pas été recherché pendant un an.

Le C. TRONCHET demande que l'action en déchéance contre le légataire ait la même durée que l'action en poursuite du crime qu'il a commis.

Le CONSEIL retranche la première partie de l'article.

La seconde partie est adoptée.

Les art. CXXIV et CXXV sont adoptés, et renvoyés à la section *de la Forme des Testamens.*

Le C. BERLIER observe que la section qu'on vient d'arrêter se tait sur un cas qui semble devoir être prévu.

Si un premier testament est révoqué par un acte postérieur, mais que cet acte soit nul, que deviendra le premier testament !

Cette question était fort controversée dans l'ancien droit.

Les uns soutenaient que quoique le deuxième testament ou l'acte révocatoire fût nul, il indiquait un changement de volonté, et qu'alors il fallait regarder la succession comme ouverte *ab intestat.*

Les autres, se fondant sur la maxime que *ce qui est nul ne produit aucun effet*, soutenaient que le premier testament subsistait dans toute sa force.

Quelque parti qu'on prenne, il ne faut point laisser cette question indécise.

Le C. TRONCHET dit que le second acte, quoique nul, annonce néanmoins, de la part du testateur, un changement de volonté dont l'effet est d'anéantir le testament.

Le CONSEIL adopte l'observation du C. *Tronchet*, et décide qu'elle sera convertie en disposition.

Le C. BIGOT-PRÉAMENEU présente le chapitre V.

Il est ainsi conçu :

CHAPITRE V.

Des Dispositions permises en faveur des Petits-enfans du Donateur ou Testateur, ou des Enfans de ses frères et sœurs.

Art. CXXVI. « Les biens dont les pères et mères ont la » faculté de disposer, pourront être par eux donnés en tout » ou en partie à un ou plusieurs de leurs enfans, par actes » entre-vifs ou testamentaires, avec la charge de rendre ces » biens aux enfans nés et à naître, au premier degré seule- » ment, desdits donataires.

Art. CXXVII. » Sera valable, en cas de mort sans enfans, » la disposition que le défunt aura faite par acte entre-vifs » ou testamentaire, au profit d'un ou plusieurs de ses frères » ou sœurs, de tout ou partie des biens qui ne sont point » réservés par la loi dans sa succession, avec la charge de » rendre ces biens aux enfans nés et à naître, au premier » degré seulement, desdits frères ou sœurs donataires.

Art. CXXVIII. » Les dispositions permises par les deux » articles précédens ne seront valables qu'autant que la » charge de restitution sera au profit de tous les enfans nés » et à naître du grevé, sans exception ni préférence d'âge » ou de sexe.

Art. CXXIX. » Si, dans les cas ci-dessus, le grevé de » restitution au profit de ses enfans, meurt laissant des en- » fans au premier degré, et des descendans d'un enfant » prédécédé, ces derniers recueilleront, par représentation, » la portion de l'enfant prédécédé.

Art. CXXX. » Si l'enfant, le frère ou la sœur auxquels » des biens auraient été donnés par acte entre-vifs, sans » charge de restitution, acceptent une nouvelle libéralité » faite par acte entre-vifs ou testamentaire, sous la condition » que les biens précédemment donnés demeureront grevés » de cette charge, il ne leur est plus permis de diviser les » deux dispositions faites à leur profit, et de renoncer à la » seconde pour s'en tenir à la première, quand même ils » offriraient de rendre les biens compris dans la seconde » disposition.

Art. CXXXI. » Les droits des appelés seront ouverts à » l'époque où, par quelque cause que ce soit, la jouissance

» de l'enfant, du frère ou de la sœur grevés de restitution, » cessera.

Art. CXXXII. » Les femmes des grevés ne pourront » avoir, sur les biens à rendre, de recours subsidiaire, en » cas d'insuffisance des biens libres, que pour le capital des » deniers dotaux, et dans le cas seulement où le testateur » l'aurait expressément ordonné.

Art. CXXXIII. » Les dispositions autorisées par les ar- » ticles précédens ne seront valables qu'autant que celui » qui les aura faites, aura, par le même acte, ou par un acte » postérieur en forme authentique, nommé un tuteur chargé » de l'exécution de ces dispositions.

Art. CXXXIV. » Si, à la mort de celui qui a disposé, » le tuteur par lui nommé n'existe plus, ou s'il a une des » dispenses admises au titre *des Tutelles,* il en sera nommé » un autre, à la diligence du grevé, dans le délai d'un mois, » à compter du jour du décès du donateur ou testateur, ou » du jour que, depuis cette mort, l'acte contenant la dispo- » sition aura été connu.

Art. CXXXV. » Le grevé qui n'aura pas satisfait à l'ar- » ticle précédent, sera déchu du bénéfice de la disposition, » dont le droit pourra dès-lors être déclaré ouvert au profit » des appelés, à la diligence, soit des appelés, s'ils sont » majeurs, soit de tout autre parent des appelés, ou même » d'office, à la diligence du commissaire du Gouvernement » près le tribunal de première instance du lieu où la succes- » sion est ouverte.

Art. CXXXVI. » Après le décès de celui qui aura dis- » posé à titre universel ou par quotité, à la charge de resti- » tution, il sera procédé, dans les formes ordinaires, à l'in- » ventaire de tous les biens et effets qui composeront sa » succession. Il contiendra la prisée à juste prix des meubles » et effets mobiliers.

Art. CXXXVII » Cet inventaire sera fait à la requête » du grevé de restitution, et dans le délai fixé au titre *des* » *Successions,* en présence du tuteur nommé pour l'exécu- » tion, et des appelés, s'ils sont majeurs.

Art. CXXXVIII. » Si l'inventaire n'a pas été fait à la re- » quête du grevé dans le délai ci-dessus, il y sera procédé » dans le mois suivant, à la diligence du tuteur nommé pour » l'exécution, en présence du grevé, qui sera tenu de rem- » bourser les frais, et des appelés, s'ils sont majeurs.

Art. CXXXIX. » S'il n'a point été satisfait aux deux » articles précédens, il sera procédé au même inventaire, à » la diligence des personnes désignées en l'art. CXXXV, en » y appelant le grevé et le tuteur nommé pour l'exécution.

Art. CXL. » Le grevé de restitution sera tenu de faire » procéder à la vente, par affiches et enchères, de tous les » meubles et effets compris dans la disposition, à l'excep- » tion néanmoins de ceux qu'il aurait été chargé par l'auteur » de la disposition, de conserver en nature, et de ceux » dont il est mention dans les deux articles suivans.

Art. CXLI. » Les meubles meublans et autres choses mo- » bilières qui auraient été compris dans la disposition, à » la condition expresse de les conserver en nature, seront » rendus dans l'état où ils se trouveront lors de la restitution.

Art. CXLII. » Les bestiaux et ustensiles servant à faire » valoir les terres, seront censés compris dans les donations » entre-vifs ou testamentaires desdites terres ; et le grevé » sera seulement tenu de les faire priser et estimer pour en » rendre une égale valeur lors de la restitution.

Art. CXLIII. » Il sera fait par le grevé, dans le délai de » six mois, à compter du jour de la clôture de l'inventaire, » un emploi des deniers comptans, de ceux provenant du » prix des meubles et effets qui auront été vendus, et de » ce qui aura été reçu des effets actifs.

» Ce délai pourra être prolongé, s'il y a lieu.

Art. CXLIV. » Le grevé sera pareillement tenu de faire » emploi des deniers provenant des effets actifs qui seront » recouvrés et des remboursemens de rentes ; et ce, dans » trois mois, au plus tard, après qu'il aura reçu ces deniers.

Art. CXLV. » Cet emploi sera fait conformément à ce » qui aura été ordonné par l'auteur de la disposition, s'il » a désigné la nature des effets dans lesquels l'emploi doit » être fait; sinon il ne pourra l'être qu'en immeubles ou » avec privilége sur des immeubles.

Art. CXLVI. » L'emploi ordonné par les articles pré- » cédens sera fait en présence et à la diligence du tuteur » nommé pour l'exécution.

Art. CXLVII. » Les dispositions par actes entre-vifs ou » testamentaires, à charge de restitution, seront, à la di- » ligence, soit du grevé, soit du tuteur nommé pour l'exé- » cution, rendues publiques; savoir, quant aux immeubles, » par la transcription des actes sur les registres au bureau

» des hypothèques du lieu de la situation; et quant aux » sommes colloquées avec privilége sur des immeubles, » par l'inscription sur les biens affectés au privilége.

Art. CXLVIII. » Le défaut de transcription de l'acte » contenant la disposition, pourra être opposé par les créan- » ciers et tiers acquéreurs, même aux mineurs ou interdits, » sauf le recours contre le grevé et contre le tuteur à l'exé- » cution, et sans que les mineurs ou interdits puissent être » restitués contre ce défaut de transcription, quand même » les tuteurs se trouveraient insolvables.

Art. CXLIX. » Le défaut de transcription ne pourra » être suppléé ni regardé comme couvert par la connais- » sance que les créanciers ou les tiers acquéreurs pourraient » avoir eue de la disposition par d'autres voies que celle » de la transcription.

Art. CL. » Les donataires, les légataires, ni même les » héritiers légitimes de celui qui aura fait la disposition, ni » pareillement leurs donataires, légataires ou héritiers, ne » pourront, en aucun cas, opposer aux appelés le défaut » de transcription, ou inscription.

Art. CLI. » Le tuteur nommé pour l'exécution sera » personnellement responsable, s'il ne s'est pas en tout » point conformé aux règles ci-dessus établies pour cons- » tater les biens, pour la vente du mobilier, pour l'emploi » des deniers, pour la transcription et l'inscription, et en » général s'il n'a pas fait toutes les diligences nécessaires » pour que la charge de restitution soit bien et fidèlement » acquittée. »

Les articles CXXVI, CXXVII, CXXVIII, CXXIX, CXXX, CXXXI et CXXXII sont adoptés.

L'article CXXXIII est discuté.

Le CONSUL CAMBACÉRÈS pense que la validité de la disposition ne doit pas dépendre de la désignation d'un tuteur, puisqu'il est si facile de le nommer ensuite.

Le C. BIGOT-PRÉAMENEU répond que la section, pour assurer l'effet de la disposition pénale, a cru devoir placer un tiers entre le père et l'enfant.

Le CONSUL CAMBACÉRÈS répond qu'on doit empêcher avant tout que l'oubli ou l'ignorance n'introduise, par l'effet de ces dispositions, des nullités dans les testamens olographes.

A la vérité, l'ignorance du droit n'excuse personne; mais la loi doit néanmoins s'attacher à n'y pas donner occasion.

L'article est retranché.

L'article CXXXIV est adopté, sauf les modifications qu'exige le retranchement de l'article précédent.

Le C. TREILHARD demande qu'on pourvoye aussi au cas où le grevé se trouverait mineur; qu'en conséquence l'on ajoute à ces mots, *à la diligence du grevé, ou de son tuteur.*

Les art. CXXXV, CXXXVI, CXXXVII, CXXXVIII, CXXXIX, CXL, CXLI, CXLII, CXLIII, CXLIV, CXLV, CXLVI, CXLVII, CXLVIII, CXLIX, CL et CLI sont adoptés.

Le C. BIGOT-PRÉAMENEU présente le chapitre VI.

Il est ainsi conçu :

CHAPITRE VI.

Des Partages faits par Père, Mère, ou autres Ascendans, entre leurs Descendans.

Art. CLII. « Les père et mère et autres ascendans pourront faire, entre leurs enfans et descendans, la distribution et le partage de leurs biens.

Art. CLIII. » Ces partages pourront être faits par actes entre-vifs ou testamentaires, avec les mêmes formalités, conditions et règles prescrites pour les donations entre-vifs et testamens.

» Les partages faits par actes entre-vifs ne pourront avoir pour objet que les biens présens.

» L'usage des démissions révocables est aboli.

Art. CLIV. » Si tous les biens que l'ascendant laissera au jour de son décès n'ont pas été compris dans le partage, ceux de ces biens qui n'y auront pas été compris seront partagés conformément à la loi.

Art. CLV. » Si le partage n'est pas entre tous les enfans qui existeront à l'époque du décès et les descendans de ceux prédécédés, le partage sera nul pour le tout. Il en pourra être provoqué un nouveau dans la forme légale, soit par les enfans ou descendans qui n'y auront reçu aucune part, soit même par ceux entre qui le partage aurait été fait, en y appelant les autres.

Art. CLVI » Le partage sera encore nul, si les père et » mère ou autres ascendans ont fait, à titre de préciput, » une disposition soit entre-vifs, soit par testament, au » profit d'un ou de plusieurs de leurs enfans ou descendans.

Art. CLVII. » Le partage fait par l'ascendant ne pourra » être attaqué que dans le seul cas où l'un des copartagés » offre de prouver qu'il contient une lésion de plus du quart » à son préjudice.

Art. CLVIII. » L'enfant qui attaquera le partage fait par » l'ascendant, sous prétexte de lésion de plus du quart, » devra faire l'avance des frais de l'estimation; et il les sup- » portera en définitif, ainsi que les dépens de la contesta- » tion, si la réclamation n'est pas fondée. »

Les articles CLII, CLIII et CLIV sont adoptés.

L'article CLV est adopté avec le retranchement de ces mots : *en y appelant les autres.*

L'article CLVI est discuté.

Le C. Bigot-Préameneu dit que la section a craint l'abus que l'on pourrait faire de ces partages pour favoriser un enfant par des avantages prohibés ; mais que la faculté de faire rescinder un partage par la lésion du tiers au quart, paraît être une garantie suffisante.

Le C. Tronchet dit que la rédaction n'est pas assez claire ; on n'entend point s'il s'agit d'un préciput antérieur au partage, d'un préciput postérieur, ou de de l'avantage qui serait fait par le partage même.

Le C. Treilhard éclaircit la rédaction par un exemple. Il suppose que le père ait donné à l'un de ses enfans un quart hors partage, et un quart par le partage; si les enfans sont au nombre de six, les cinq autres ne partageant entre eux que la moitié, chacun n'aurait qu'un dixième au total.

L'intention de la section a été de prévenir cet abus, en n'accordant pas cumulativement au père le droit de disposer au profit de ses enfans et celui de leur partager son bien.

Le C. Maleville dit qu'il peut arriver qu'un père lègue un de ses biens à un de ses enfans, un autre bien à un autre enfant, et qu'on donne à cette disposition le titre de partage.

L'article lui ôterait ensuite la faculté de disposer de la portion disponible.

Le C. TREILHARD observe que le C. *Maleville* se méprend sur l'objet de l'article.

Le C. MURAIRE doute qu'on doive admettre l'exception proposée. Le calcul qu'on a fait pour la justifier est exact; mais il faut supposer au père l'intention d'être équitable envers ses enfans, et non celle d'ajouter, par le partage, aux avantages qu'il a déjà faits à l'un d'entre eux. Il lui serait facile, s'il était dans d'autres dispositions, de frauder la loi par des voies indirectes et détournées.

Il importe de conserver cette manière simple et régulière de faire les partages; car elle prévient les procès: et cependant, en admettant l'article, il suffirait d'une erreur involontaire du père, pour que le partage devînt nul.

Le C. BERLIER dit que la présomption sur laquelle repose le système du C. *Muraire*, ne saurait être admise par quiconque a étudié le cœur humain.

Comment pourrait-on croire que celui qui a déjà gratifié un de ses enfans au préjudice des autres par une disposition directe, ne le fera pas encore par la voie du partage proposé, si cette voie lui est ouverte? Loin que le don fait par préciput doive faire présumer que la libéralité s'arrêtera là, l'inégalité déjà introduite entre les enfans doit faire craindre qu'on ne l'étende davantage: voilà la crainte naturelle, et la présomption naissante de la préférence même qui a déjà été accordée à l'un des enfans.

Le partage entre enfans est, dit-on, un acte favorable, comme tendant à prévenir les embarras et les procès.

Cela est vrai, dit le C. *Berlier*, quand son origine n'est point souillée par la circonstance qu'on examine: rien de plus louable entre enfans non avantagés; rien de plus dangereux, rien de plus odieux, entre enfans dont la condition a déjà cessé d'être égale, parce que ce serait presque toujours un moyen de tromper la nature et la loi.

Quand celle-ci a posé la limite, elle aurait fait une chose inutile, si elle admettait en même temps des dispositions propres à l'éluder.

L'article est adopté, sauf rédaction.

L'article CLVII est adopté.

L'article

L'article CLVIII est discuté.

Le C. Bigot-Préameneu dit que cet article est destiné à mettre un frein aux demandes indiscrètes de partage.

L'article est adopté.

Le C. Bigot-Préameneu présente le chapitre VII.

Il est ainsi conçu :

CHAPITRE VII.

Des Donations faites par contrat de mariage aux Époux et aux Enfans à naître du mariage.

Art. CLIX. « Toute donation entre-vifs de biens présens, quoique faite par contrat de mariage aux époux ou » à l'un d'eux, sera soumise aux règles générales prescrites » pour les donations faites à ce titre.

» Elle ne pourra avoir lieu au profit des enfans à » naître, si ce n'est dans les cas énoncés au chapitre V » ci-dessus.

Art. CLX. » Les pères et mères, les autres ascendans, » les parens collatéraux des époux, et même les étrangers, » pourront, par contrat de mariage, donner tout ou partie » des biens qu'ils laisseront au jour de leur décès, tant au » profit desdits époux qu'au profit des enfans à naître de » leur mariage, dans le cas où le donateur survivrait à » l'époux donataire.

» Pareille donation, quoique faite au profit seulement des » époux ou de l'un d'eux, sera toujours, dans ledit cas de » survie du donateur, présumée faite au profit des enfans et » descendans à naître du mariage.

Art. CLXI. » La donation, dans la forme portée au précédent article, sera irrévocable, en ce sens seulement que » le donateur ne pourra plus disposer, à titre gratuit, des » objets compris dans la donation, si ce n'est pour sommes » modiques, soit à titre de récompense ou autrement.

Art. CLXII. » La donation par contrat de mariage pourra » être faite cumulativement des biens présens et à venir, en » tout ou en partie; à la charge qu'il sera annexé à l'acte un état » estimatif des dettes et charges du donateur existantes au

» jour de la donation : auquel cas il sera libre au donataire, » lors du décès du donateur, de s'en tenir aux biens pré- » sens, en renonçant au surplus des biens du donateur.

Art. CLXIII. » Si l'état dont il est mention au précédent » article n'a point été annexé à l'acte contenant donation » des biens présens et à venir, le donataire sera obligé » d'accepter ou de répudier cette donation pour le tout. » En cas d'acceptation, il ne pourra réclamer que les biens » qui se trouveront existans au jour du décès du donateur, » et il sera soumis au paiement de toutes les dettes et charges » de la succession.

Art. CLXIV. » La donation par contrat de mariage » en faveur des époux et des enfans à naître de leur mariage » pourra encore être faite à condition de payer indistinc- » tement toutes les dettes et charges de la succession du » donateur, ou sous d'autres conditions dont l'exécution » dépendrait de sa volonté, par quelques personnes que » la donation soit faite : le donataire sera tenu d'accomplir » ces conditions, s'il n'aime mieux renoncer à la donation ; » et en cas que le donateur, par contrat de mariage, se soit » réservé la liberté de disposer d'un effet compris dans la » donation de ses biens présens, ou d'une somme fixe à » prendre sur ces mêmes biens, l'effet ou la somme, s'il » meurt sans en avoir disposé, seront censés compris dans » la donation, et appartiendront au donataire ou à ses hé- » ritiers.

Art. CLXV. » Les donations faites par contrat de ma- » riage ne pourront être attaquées ni déclarées nulles, sous » prétexte de défaut d'acceptation.

Art. CLXVI. » Toute donation faite en faveur du mariage » sera caduque, si le mariage ne s'ensuit pas.

Art. CLXVII. » Les donations faites à l'un des époux dans » les termes des articles CLX, CLXII et CLXIV ci-dessus, » deviendront caduques, si le donateur survit à l'époux » donataire décédé sans postérité.

Art. CLXVIII. » Toutes donations faites aux époux par » leur contrat de mariage, seront, lors de l'ouverture de la » succession du donateur, réductibles à la portion dont la » loi lui permettait de disposer. »

Ces dix articles sont adoptés.

Le C. Bigot-Préameneu présente le chapitre VIII.

Il est ainsi conçu :

CHAPITRE VIII.

Des Donations entre Époux, soit par contrat de mariage, soit pendant le mariage.

Art. CLXIX. « Les époux pourront, par contrat de ma-
» riage, se faire réciproquement, ou l'un des deux à l'autre,
» telle donation qu'ils jugeront à propos, sous les modifica-
» tions ci-après exprimées.

Art. CLXX. » Toute donation entre-vifs de biens pré-
» sens, faite entre époux par contrat de mariage, ne sera
» point censée faite sous la condition de survie du donataire,
» si cette condition n'est formellement exprimée ; et elle sera
» soumise à toutes les règles et formes ci-dessus prescrites
» pour ces sortes de donations.

Art. CLXXI. » La donation de biens à venir, ou de
» biens présens et à venir, faite entre époux par contrat de
» mariage, soit simple, soit réciproque, sera soumise aux
» règles établies par le chapitre précédent, à l'égard des
» donations pareilles qui leur seront faites par un tiers ; sauf
» qu'elle ne sera point transmissible aux enfans issus du ma-
» riage, en cas de décès de l'époux donataire avant l'époux
» donateur.

Art. CLXXII. » L'époux pourra, soit par contrat de ma-
» riage, soit pendant le mariage pour le cas où il ne lais-
» serait point d'enfans ni descendans, donner à l'autre époux,
» en propriété, tout ce qu'il pourrait donner à un étranger,
» et en outre l'usufruit de la totalité de la portion dont la
» loi prohibe la disposition au préjudice des héritiers ;

» Et pour le cas où l'époux donateur laisserait des enfans ou
» descendans, il pourra donner à l'autre époux ou un quart
» en propriété et un autre quart en usufruit, ou la moitié
» de tous ses biens en usufruit seulement.

Art. CLXXIII. » Le mineur ne pourra, par contrat de ma-
» riage, donner à l'autre époux, soit par donation simple,
» soit par donation réciproque, qu'avec le consentement et
» l'assistance de ceux de ses parens dont le consentement
» est requis pour la validité de son mariage ; et avec ce
» consentement, il pourra donner tout ce que la loi permet
» à l'époux majeur de donner à l'autre conjoint.

Art. CLXXIV. » Toutes donations faites entre époux pen- » dant le mariage, quoique qualifiées entre-vifs, seront tou- » jours révocables.

» La révocation pourra être faite par la femme sans y être » autorisée par le mari ni en justice.

Art. CLXXV. » Les époux ne pourront, pendant le » mariage, se faire, ni par acte entre-vifs, ni par testa- » ment, aucune donation mutuelle et réciproque par un » seul et même acte.

Art. CLXXVI. » L'homme ou la femme qui, ayant des » enfans d'un autre lit, contractera un second ou subséquent » mariage, ne pourra donner à son nouvel époux qu'une » part d'enfant légitime le moins prenant, et en usufruit » seulement.

» Il ne pourra disposer, à titre gratuit ni onéreux, des » immeubles qu'il a recueillis, à titre de don, de son époux » ou de ses époux précédens, tant que les enfans issus des » mariages desquels sont provenus ces dons, existent.

Art. CLXXVII. » Les époux ne pourront se donner indi- » rectement au-delà de ce qui leur est permis par les dispo- » sitions ci-dessus.

» Toute donation simulée par le déguisement de l'acte, » ou faite à personnes interposées, sera nulle.

Art. CLXXVIII. » Seront réputées faites à personnes in- » terposées, les donations de l'un des époux aux enfans ou » à l'un des enfans de l'autre époux, issus d'un autre ma- » riage, et celles faites par le donateur aux parens dont » l'autre époux sera héritier présomptif au jour de la dona- » tion, encore que ce dernier n'ait point survécu à son » parent donataire. »

Les art. CLXIX, CLXX, CLXXI, CLXXII, CLXXIII, CLXXIV et CLXXV sont adoptés.

L'article CLXXVI est discuté.

Le C. Regnaud (de Saint-Jean-d'Angely) observe que cet article change la législation existante.

Le C. Treilhard dit que la seconde partie de cet article ne serait utile, qu'autant que les biens dont il défend de disposer seraient réservés aux enfans du premier lit.

La seconde partie de l'article est retranchée.

Le C. REGNAUD (de Saint-Jean-d'Angely) observe sur la première partie, qu'en mettant obstacle aux seconds mariages, elle tend à faire vivre dans le concubinage les personnes qu'elle empêche de s'avantager.

Le CONSUL CAMBACÉRÈS dit que l'intérêt des enfans du premier lit oblige de faire une distinction entre les deux espèces de mariages ; qu'il suffit, au surplus, de laisser à l'individu qui se remarie la disposition d'une part d'enfant ; mais qu'on pourrait lui permettre de la donner en toute propriété à son autre époux.

Le C. BERLIER observe qu'en accordant au nouvel époux la faculté de recevoir une part d'enfant, *même en propriété*, ce qui est raisonnable, il peut convenir aussi de modifier cette règle ; car s'il n'y avait qu'un enfant ou deux du premier mariage, et point du second, le nouvel époux pourrait, en partageant avec eux, avoir la moitié ou le tiers de la succession.

Il paraît juste à l'opinant d'établir à côté de la règle principale relative à la part d'enfant, une exception portant qu'elle ne pourra pas, à l'égard du nouvel époux, excéder une quotité quelconque de la succession ; par exemple, le quart.

L'article est adopté avec les amendemens proposés par le Consul *Cambacérès* et par le C. *Berlier.*

Les articles CLXXVII et CLXXVIII sont adoptés.

La Séance est levée.

À PARIS, DE L'IMPRIMERIE DE LA RÉPUBLIQUE.
Thermidor an XI.

www.ingramcontent.com/pod-product-compliance
Ingram Content Group UK Ltd.
Pitfield, Milton Keynes, MK11 3LW, UK
UKHW020224180726
13838UKWH00005B/2185